CATALOGUE

DES LIVRES DE FONDS & d'Assortiment,

Qui se vendent chez ROBIN, *Libraire, rue des Cordeliers, près la rue de la Comédie Françoise, à Paris.*

ABEILLE (l'), ou Recueil de Philosophie, 1 vol.   3 liv.
Abrégé chronologique de l'Hist. de France, du Pr. Henault, 2 vol. in-8.   10 l.
Abrégé de l'Ancien Testament de Mesanguy, 2 vol.   2 l. 10 s.
Abrégé de la Crusca, ou Diction. portatif, François & Italien, par le R. P. Fabretti, de la Compagnie de Jesus. Lyon, 1757. in 8.   3 l.
Abregé de l'Hist. Ecclesiastique, par l'Abbé Racine, 16 vol.   60 l.
Abrégé de l'Hist. de France, par Mezeray, in-4. 4 vol.   48 l.
——— La même, 14 vol. in 12.   35 l.
Abrégé de l'Histoire Romaine, par M. Tailhié, 4 vol.   10 l.
Abrégé de l'Hist. de Polybe, par le Chevalier Folard, in 4. 3 vol.   42 l.
Abrégé de l'Hist. Universelle, de M. de Thou, 10 vol. in-12.   30 l.
Abrégé de l'Hist. Universelle de Turselin, in-12. 4 vol.   10 l.
Abrégé de l'Hist. des Insectes, in-12. 2 v.   5 l.
Abrégé de l'Hist. des Plantes usuelles de Chomel, 3 vol. in-2.   6 l.
Abrégé de dix Livres d'Architecture de Vitruve, fig. in 12.   2 l. 10 s.

A

Abrégé du Dictionnaire de Trévoux, 3 vol. in-4. 36 l.
Abrégé du Service de Campagne. La Haye, 1752. in-8. 6 l.
Adélaïde de Champagne, 2 parties, br. 2 l. 8 f.
Adélaïde, Roman nouveau, 2 parties, br. 1 l. 4 f.
Aimable (l') Petit-maître, 1 vol. 2 l.
Alleri, Disputationes Chirurgicæ, 5 vol. in-4. 60 l.
——— Ejusdem, Disputationes Medicæ, 6 vol. in-4. 72 l.
Almoran & Hamet, traduit de l'Anglois par l'Abbé Prevôt, 1 v. in-12. 2 l. 10 f.
Ambassadrice (l') & ses droits, 1 vol. 2 l.
Amours d'Isméne & Isménias, 2 v. in-12. 2 l.
Amours de Mirtil, jol. édit. fig. 2 l. 10 f.
Amour (l') & le devoir conjugal, in-8. La Haye. 12 f.
Amours de Catulle & Tibulle, par la Chapelle, in-12. 5 vol. 10 l.
Amusemens des Gens d'esprit, in-12. br. 15 f.
Amusemens Philosophiques, par un Militaire, 2 vol. br. 1764. 2 l. 8 f.
Amusemens de la Raison, in-8. 2 v. 5 l.
Analyse de la Philosophie du Chancelier Bacon, avec sa vie, in-12. 3 vol. 7 l. 10 f.
Analyse raisonnée de la Sagesse, de Charron, 2 vol. br. 2 l.
Anecdotes littéraires, in-12. 3 v. 7 l. 10 f.
Anecdotes historiques, politiques & militaires, par l'Abbé Raynal, in-12. 3 vol. 7 l. 10 f.
Anecdotes des Reines, 8 v. in-12. br. 10 l. 10 f.
Annales de la Cour d'Henri II, 2 v. in-12. 5 l.
Annales d'Espagne & de Portugal, in-4. 4 vol. La Haye. 48 l.
Annales de l'Empire, par M. de Voltaire. 2 v. in-12. 5 l.
Annales de Tacite, trad. par Guerin, in-12. 3 vol. 7 l. 10 f.
Année (l') Chrétienne, in-12. 13 vol. 39 l.
——— La même, 6 vol. 18 l.
Année Chrétienne, ou abrégé de la Vie des Saints, par Bonnefond, in-24. 2 l.

Ariste, Roman, 1755. *br*.	1 l. 10 f.
Art d'aimer, d'Ovide.	3 l.
Attaque & défense des Places, par le Maréchal de Vauban, *in-4. 2 v. fig.*	30 l.
Aventures de Beauchesne, *in-12. 2 vol.*	5 l.
Aventures de Bella, 1 *v. in-12.*	2 l. 10 f.
Aventures de Joseph Andrewz, 2 *v. in-12.*	5 l.
Aventures de Robinson Crusoé, 3 *v. in-12.*	7 l. 12 f.
Aventures de Roderick Random, 3 *v.*	7 l. 10 f.
Aventures d'Ulisse, 2 vol. *p. p.*	3 l. 10 f.
Aventures (les principales) de Dom Quichotte, représentées en fig. par Coypel, Picard, &c. *in-4. gr. pap.*	40 l.
Avis au peuple sur la santé, *in-12. 2 v.*	4 l. 10 f.
Bartholini (Thomæ), Epistolæ Medicinales, *in-8. 5 vol.*	15 l.
Barckusen (J. C.), Elementa Chymiæ, quibus subjuncta est confectura lapidis philosophici imaginibus representata; *in-4. fig.*	12 l.
Beaux Arts (les) réduits à un même principe, par le Batteux, *in-12.*	3 l.
Bible de Carrieres, contenant l'ancien & le nouveau Testament, &c. *in-4. 6 vol.*	60 l.
Bible de Chais (holl), 4 *v l. in-4.*	48 l.
Bibliotheque des jeunes Négocians, *in-4. 2 vol.*	24 l.
Bibliotheque Germanique,	30 l.
Bibliotheque de Campagne, édition de Genève, 24 *vol.*	72 l.
——— Idem, édition d'Holl. *in-12.*	36 l.
Burnets history, *in-8. 6 vol.*	28 l.
Caii Cornelii Taciti Opera, quæ supersunt ex editione Jacobi Gronovii fideliter expressa Grecè, 1758. 4 vol. *in-12.*	20 l.
Calendrier des Loix, 1 *vol.*	1 l. 10 f.
Callisthene, ou le Philosophe amoureux, Tragédie en 5 Actes.	1 l. 4 f.
Caminologie, ou traité des Cheminées, *in-8.*	3 l.
Campagnes de Noailles, 2 *v. in-12.*	5 l.
Campagnes de Villars, 2 *v. in-12.*	5 l.

Caracteres de Théophraste, par la Bruyere, 2 vol. in-12. 5 l.
—— Les mêmes, p. p. 4 l.
Certitude (de la) des connoissances humaines, in-8. 2 l. 10 s.
Christianisme de la Crose, 2 v in-12. 5 l.
Code Militaire, de Briquet, 8 vol. in 12. 20 l.
Codes, Marchand, Civil, Criminel, & Ordonnances de Louis XV. 1 l. 0 s. chaque.
Collection Académique de Dijon, in 4. 8 vol. 129 l.
Collection of Englighs Plays, 10 vol. in-12. 36 l.
Commentaires sur Corneille, par M. de Voltaire, 3 vol. p. p. 7 l. 10 s.
Conduite des François par rapport à la Nouvelle Ecosse, in 12. 1 vol. 2 l. 10 s.
Conférences de Bornier, in 4. 2 v. 18 l.
Connoissance des Temps, in-8. 1 v. 3 l.
Conquête de Minorque, 1 v. br. 1 l. 10 s.
Considérations politiques sur les coups d'Etat, par Naudé, 2 v. in-12. 7 l. 10 s.
Considération sur la grandeur des Romains, par Monsieur de Montesquieu, in-12. 2 l. 10 s.
Considération sur les mœurs de ce siécle, par Duclos, 1 vol. 2 l. 10 s.
Du même. Mémoires pour servir à l'Histoire du dix-huitiéme siécle, in 12. 2 l. 10 s.
Consolation contre les frayeurs de la mort, par Drelincourt, 2 vol. in 8. 6 l.
Consolation philosophique de Boëce, &c. in 8. 2 vol La Haye, 5 l.
Contes de la Fontaine, in-8. 2 vol fig. 10 l.
—— Idem, p. p. 4 l.
Contes du Serrail, 1 vol. 2 l.
Convoi funebre de S. A. S. Mgr. le Prince d'Orange, &c. La Haye, 1755, forme d'Atlas, 48 l.
Corps organisés, 2 vol. in-8. 7 l.
Cours d'histoires à l'usage des jeunes gens, 2 vol. in-12. 5 l.
Critique du Siecle, par le Marq. d'Argens, 2 vol. 4 l.
Cuisine (la nouvelle) de Menou, 3 vol. in-12. 7 l. 10 s.

Culte (du) des Dieux Fétiches, *in-12*. 2 l. 10 f.
Danger (le) des liaisons, ou Mémoires de la Baronne de B.emon, 6 *part. broch.* 7 l. 4 f.
Danger des Passions, par l'Auteur de l'Ecole de l'Amitié, 2 *vol. in-12.* 4 l.
Défense de la Chronologie de Newton, *in-4.* 12 l.
De la Fortune, Roman. 1 l. 10 f.
De l'Esprit des Loix, par M. de Montesquieu, *in-12.* 4 *vol.* 10 l.
De l'inégalité des conditions, par J. J. Rousseau, *in-8. fig. première édition.* 4 l.
Démonstration harmonique de Rameau, 1 *v. in-8.* 4 l.
Description de la France, par Piganiol de la Force, *in 12.* 15 *vol.* 45 l.
Description de Paris, par Germain Brice, 4 *v. fig.* 12 l.
Description du lit de Parade de feue S. A. R. Madame la Princesse Gouvernante des Pays-Bas, *fol. m.* 12 l.
Diable (le) Boiteux, par M. le Sage, *in-12.* 3 *v.* 3 l.
Dialogues Socratiques, *n-12.* 2 l.
Dictionario nuevo de las lenguas Española y Francese, por Francesco Sobrino. In Brussellas, 1760 *in-4.* 2 *vol.* 30 l.
——— abregé d'Antiquités, 1 *vol.* 2 l. 10 f.
——— abregé de la Fable, par Chompré, 1 *vol.* 2 l. 10 f.
——— abregé de la Martiniere, *in 8.* 5 l.
——— Anglois, de Boyer, *in-4.* 2 *vol.* 30 l.
——— d'Agriculture, de Chasse, de Jardinage, &c. 2 *vol.* 18 l.
——— de Jurisprudence, par de la Combe, 3 *vol. in-8.* 13 l. 10 f.
——— de Marine, 2 *vol. in-8.* 9 l.
——— portatif de Peinture, Sculpture & Gravure, par Pernetti, *in-8.* 5 l.
——— des Rimes, de Richelet, *in-8.* 7 l.
——— des Prédicateurs, *in 8.* 1 *vol.* 4 l.
——— des Proverbes, 1 *vol. in-8.* 5 l.
——— des Théatres, 7 *vol. in-12.* 21 l.
——— du Citoyen, 2 *vol.* 9 l.

Dictionnaire Comique, Satyrique & Proverbial de Leroux, *in-8*. 7 l.
——— François, Latin & Italien, par Antonini, *in-4*. 30 l.
——— Géographique & critique, par M. Bruzen de la Martinière, *in-fol.* tomes 7, 8 & 9, qui contiennent la lettre Q, jusqu'à Z inclusivement. 60 l.
——— Italien & Franç. par Veneroni, *in-4*. 2 *v*. 18 l.
——— Militaire, *in-8*. 3 *vol*. 15 l.
——— Poetique portatif, pour l'intelligence de la Fable, *in-8*. 4 l. 10 f.
——— portatif d'Histoire Naturelle, 2 *vol. in-8*. 9 l.
——— portatif de Santé, *in-8*. 2 *vol*. 9 l.
——— universel des Fossilles propres & des Fossilles accidentelles, par Bertrand, *in-8*. 2 *vol*. 7 l.
Dictis Cretensis & Dares Phrygius in usum Delphini, cum interpretatione Annæ N. Daceriæ, *in-4°. fig.* La Haye. 15 l.
Discours historiques, critiques, théologiques & moraux sur les évenemens les plus remarquables du Vieux & du Nouveau Testament, par Saurin, *in-8*. 11 *vol*. 54 l.
Discours historiques & politiques sur Salluste, trad. de l'Anglois de Gordon, *in-12*. 2 *vol*. 5 l.
Discours sur la Satyre, trad. de l'Italien, *br*. 1 l. 4 f.
Discours sur l'Histoire Universelle, de Bossuet, 2 *vol. in-12*. 5 l.
Dissertation sur la platine, ou l'or blanc. 2 l. 12 f.
Dissertation sur le Negre-blanc, 1 *vol*. 2 l. 5 f.
Dissertations sur les Tragédies de Racine & de Corneille, 2. *vol*. 5 l.
Dissertation sur l'union de la Religion & de la Morale, trad. de l'Anglois de Warburthon, par M. de Silhouette, 2 *vol. in 12*. 4 l.
Dissertation sur la Glace, *in-12*. 1 l. 10 f.
Di Tito Lucrezzio Caro sup. edit. *fig.* 12 *vol*. 48 l.
Doyen (le) de Killerine, *in-12*., 6 *vol*. 12. l.
Droit (le) des Gens, par M. Vattel, *in-4*. 2 *vol. pap. fin double*. 20 l.
——— Le même, *pap. ordinaire*. 16 l.

Droit (le) Politique de Burlamaqui, in-4. 1 *vol.* 10 l.
Du plaisir, ou du moyen de se rendre heureux, 2 part. 1764. 2 l.
Ebauche de la Réligion Naturelle, *in-*12. 3 *vol.* 7 l. 10 s.
Éclaircissemens sur les mœurs, 1 vol. *in-*12. 3 l.
Ecole de l'Amitié, 2 tom. 1 *vol.* 2 l. 10 s.
École (l') des Filles, Mémoires de Constance, *in-*12. 4 *vol.* rel. 8 l.
Ecole Militaire, par l'Abbé Raynal, 3 *vol. in-*12. 7 l. 10 s.
Education publique, *rel.* 2 l. 10 s.
Elémens d'Hippiatrique, *in-*8. 3 *vol.* 12 l.
Elémens d'Algébre de Clairaut, *in-*8. 5 l.
———— de Géométrie, du même, *in-*8. 4 l. 10 s.
Elémens de Géométrie, par M. de Puisieux, Juré-Expert des Bâtimens, 1765, *in-*8. *fig.* 6 l.
Elemens de Jurisprudence, 1 vol. *in-*12. 1 l. 16 s.
Elemens de Philosophie morale, de Joncourt, 1 *vol. in-*12. 2 l. 10 s.
Elevation sur les Mysteres, par M. Bossuet, 2 *vol. in-*12. 5 l.
Eleve de la Nature, 2 *vol.* br. 2 l. 10 s.
Eloge des Académiciens de Berlin, par Formey, 2 *vol. in-*12. 4 l. 10 s.
Emile Chrétien, par Formey, *in-*8. Hal. 4 *vol. fig.* broch. 12 l.
Le même, ou de l'Education, par M. C. de *Vesson*, 2 *vol.* 5 l.
Enfantement (l') de Jupiter, ou la fille sans mere, 2 part. br. 2 l. 8 s.
Enfant trouvé (l'), Roman, en 2 part. br. 2 l. 8 s.
Entretiens Physiques, par le P. Renault, 5 *v.* 12 l. 10 s.
Epîtres & Evangiles, d'Huré, *in-*12. 2 l.
———— *Idem*, de Bruté, 2 l. 5 s.
———— *Idem*, de la Marre. 2 l. 5 s.
Epistole Eroiche di P. Ovidio Nasone, tradotte da Remigio Fiorentino, Parigi 1762. *in-*4. 24 l.
———— *Idem*, *in-*8. 12 l.

A iv

Espion (l') dans les Cours des Princes Chrétiens, 9 vol. in-12. 22 l. 10 f.
Esprit de la Motte-le-Vayer, 1 v. in 12. 3 l.
Esprit des Loix, de la Tactique, 2 vol. in-4. 24 l.
Essai sur la Fortification, ou examen des causes de la grande supériorité de l'attaque sur la défense, fig. & vignettes, in-8. 3 l.
——— sur la Police générale des grains, 1 v. in-12. 2 l. 10 f.
——— sur le Droit Naturel d'Hubner, 2 v. in 8. 6 l.
——— sur l'Histoire Naturelle des Coralines, in 4. fig. 30 l.
——— Le même, avec fig. enlum. 48 l.
——— sur l'Histoire naturelle de la Mer Adriatique, in 4. rel. avec estamp. 18 l.
——— Le même, gr. pap. fig. enl. 33 l.
——— sur l'Honneur, in 12. 2 l.
——— de Michel de Montaigne, 10 vol. in-12. 20 l.
——— historiques sur Paris, par Sainte Foix, 4 vol. dern. édit. 10 l.
——— sur l'Amélioration des Terres, in-12. 20 l.
——— sur l'Homme de Pope, 1 vol. in-12. 2 l.
——— sur l'Education de la Noblesse, 2 vol. 5 l.
——— Le même, in-4. 2 vol. 25 l.
——— sur les Passions & leurs caractères, in-12. 2 vol. 5 l.
Etat de la France, par le Comte de Boullainvilliers, 8 vol in-12. 24 l.
Etudes Militaires de Bottée, 2 vol. 5 l.
Examen des Critiques du Livre de l'Esprit, in-12. 2 l. 10 f.
Expériences de Physique, de Poliniere, 2 vol. 4 l.
Explication de la Passion, ou Traité de la Croix de N. S. J. C. selon la Concorde, par M. l'Abbé Duguet, 14 vol. in-12. 28 l.
Explication Physique des Sens & des Idées, 2 vol. in-12. 5 l.
Expérience sur l'Electricité, 1 vol. 3 l.

Fables choisies, mises en vers par M. de la Fontaine, 2 vol. fig. 9 l.
——— Les mêmes, p. p. 2 vol. 4 l.

——— Les mêmes, 1 vol. g. p. 3 l.
Fable des Abeilles, ou les Fripons devenus Honnêtes gens, 4 vol. in-12. 10 l.
Faceties Parisiennes, in-8. 1 vol. 4 l.
Félicité de la vie à l'avenir, ou les moyens d'y parvenir, 1 vol. 2 l. 10 f.
Floræ Parisiensis Prodomus, ou Catalogue des Plantes qui naissent dans les environs de Paris, 1 vol. 2 l. 10 f.

Génération (la) de l'homme, ou Tableau de l'amour conjugal, par Venette, 2 v. in 12. 5 l.
Génération harmonique, de Rameau. 5 l.
Géographie, dédiée à Mademoiselle Crozat, avec des Cartes, in 12. 1 vol. 2 l. 10 f.
Grammaire Italienne d'Antonini, in-12. 2 l. 10 f.
Grandeur (de la) & de la décadence des Romains, par M. de Montesquieu, in 12. 2 l. 10 f.

Henriette, Roman trad. de l'Anglois, 4 part. 2 vol. rel. 5 l.
Heures dédiées à Madame Royale, IV. in-12. 2 l. 10 f.
Histoire Abrégée des Insectes, par Geoffroi, in-4. 2 vol. 24 l.
——— Angloise de Milord Feld, in-12. 2 part. br. 2 l. 8 f.
——— d'Aubusson, 2 vol. in-12. 5 l.
——— de Catilina, 1 vol. 2 l. 10 f.
——— de la Jurisprudence Romaine, par Terrasson, 1 vol. in fol. 25 l.
——— de la Guerre des Indes, 2 vol. in 12. 5 l.
——— des quatre dernieres années du Regne de la Reine Anne d'Angleterre, in 12. 3 l.
——— du Statouderat, par l'Abbé Raynal, 2 vol. in-8. 5 l.
——— du Parlement d'Angleterre, par le même, 2 vol. in 8. 5 l.
——— de Charles XII, d'Adelferd, 3 vol. in-12. 7 l. 10 f.
——— de Charlotte Summers, ou l'Orpheline Angloise, par M. de la Place, 4 vol. 9 l.

Histoire de Charles XII, Roi de Suéde, par Noraberg, *in-8. 3 vol.* 36 l.
———— de Cicéron, par l'Abbé Prevôt, 4 *vol.* 10 l.
———— de Dom Quichotte, 6 *v. in-12.* 15 l.
———— de Don Ranucio d'Aletés, 2 *vol. in-12.* 4 l.
———— d'Espagne, trad. de l'Espagnol de Ferreras, *in-4.* 10 *vol.* 100 l.
———— de France, par M. l'Abbé de Velly, continuée par M. de Villaret, 14 *vol. in-12.* 39 l.
———— de Gilblas de Santillane, 5 *v.* 10 l.
———— d'Hypolite Comte Douglas, par Madame Daulnoy, 1 *vol. in-12.* 2 l. 10 f.
———— de la Conjuration de Rienzi, dit Gabrini, Tyran de Rome, *in-12.* 2 l. 10 f.
———— de la derniere Révolution de Gênes, 2 *vol. in-12. avec la Carte.* 5 l.
———— de la Mere & du Fils, *in-4. Hollande.* 12 l.
———— de la Pairie de France, 2 *vol. in-12.* 4 l.
———— de la Princesse de Jayven, 2 *p.* 1 *v.* 2 l. 10 f.
———— de la conquête du Méxique, par Fernand Cortez, 2 *vol.* 5 l.
———— Du Pérou, 2 *vol. in-12.* 5 l.
———— de la Guerre de 1741, par M. de Voltaire, *in-12.* 2 *vol. br.* 2 l.
———— de la Jamaïque, trad. de l'Anglois, 2 *vol. in-12.* 4 l. 10 f.
———— de la Maison de Stuard, *in-4.* 3. *v. gr. p.* 45 l.
———— La même, *p. p.* 33 l.
———— La même, *in-12.* 6 *vol.* 15 l.
———— de la Maison de Tudor, *in-4.* 2 *vol.* 24 l.
———— La même, *in-12.* 6 *vol.* 15 l.
———— de l'Empereur Charles VI, par la Lande, *in-12.* 6 *vol.* 15 l.
———— de l'Electricité, de Jalabert, 2 *vol. in-12.* 5 l.
———— de l'Orenoque, 3 *v. in-12.* 7 l. 10 f.
———— de l'Université de Paris, 7 *vol. in-12.* 17 10 f.
———— de Madame de Luz, 2 *p. br.* 2 l. 10 f.
———— de Manon de Lescaut, 2 *vol. in-12. fig. pap. fin.* 5 l.
———— La même, 2 *vol. in-12.* 4 l.

———— Suite du même ouvrage, 2 vol. pet. pap. 4 l.
Histoire de Marguerite d'Anjou, par l'Abbé Prevôt,
4 p. 2 vol. 5 l.
———— de Naples, de Giannonne, in-4. 5 vol. 60 l.
———— de Rosalie d'Aufen, Princesse de Bretagne,
3 part. br. 3 l.
———— de Saladin, Sultan d'Egypte & de Syrie,
in-12. 2 vol. 5 l.
———— de Sicile, par de Burigny, in-4. 2 vol. 20 l.
———— de Timurbeck, 2 vol. in-12. 5 l.
———— des Antilles Angloises, 3 l.
———— des Chevaliers de Malthe, par l'Abbé de
Vertot, in 12. 7 v. 17 l. 10 s.
———— des Croisades, par M. de Voltaire, in-12. 1
vol. 2 l. 8 s.
———— des dix-sept Provinces des Pays-Bas, avec
plus de 300 médailles, 5 vol.
———— des Druses, peuples du Liban, in-12 fig.
2 l. 10 s.
———— des Grecs, ou de ceux qui corrigent la fortune au jeu, in-12 2 vol. 2 l. 10 s.
———— des Inquisitions, in-12 2 vol. 5 l.
———— des Juifs, & des peuples voisins, depuis la décadence des Royaumes d'Israël & de Juda jusqu'à la mort de J. C. par Prideaux, in-4o. 2 vol. fig. 24 l.
———— des Navigations aux terres Australes, in-4. vol. 24 l.
———— des Passions, 2 vol. 4 l.
———— des Revolutions d'Espagne par le P. d'Orléans, in-4o 3 vol. 36 l.
———— des Révolutions de la Hongrie, in-4. 2 vol. fig. la Haye. 21 l.
———— La même in-12 6 vol. 15 l.
———— des Tremblemens de terre arrivés à Lima,
1 vol. in-12. 3 l.
———— des Triumvirats de Larrey, 2 vol. 5 l.
———— des Voyages par l'Abbé Prévôt, 17 vol.
in-4. 255 l.
———— La même in-12. 64 vol. 192 l.

A vj

Histoire du Bas-Empire pour servir de suite à l'Histoire des Empereurs, 8 vol. 23 l.
——— du Commerce & de la Navigation, par Huet, 1 vol. in-8. 4 l.
——— du Chevalier Grandisson, in-12, 8 vol. 16 l.
——— du Czar, par M. de Voltaire, in-8, 2 vol. 9 l.
——— La même, in-12 2 vol. 5 l.
——— du Christianisme des Indes, 1 volume, 2 l.
——— d'un Gentilhomme Ecossois, 1 volume, 2 l.
——— d'une Grecque moderne, par l'Abbé Prévôt, 2 vol. in-12. 4 l.
——— du Ministère du Chevalier Robert Walpool, Amst. 1764 3 vol. 7 l. 10 f.
——— du Prince Eugene, 5 vol. in-12 15 l.
——— générale de Sicile, dans laquelle on voit les différentes révolutions de cette Isle, par M. de Burigni, 2 vol. in 4. la Haye, 16 l.
——— générale des Guerres, par le Chevalier d'Arcq, in 4. 2 vol. 24 l.
——— générale des Huns, &c. pour servir de suite à l'Histoire de l'Académie des Inscriptions, &c. 5 vol. in 4. 60 l.
——— moderne des Chinois, pour servir de suite à l'Histoire Ancienne, 10 vol. in-12. 27 l.
——— naturelle, générale & particuliere, avec la description du Cabinet du Roi, par MM. Buffon & d'Aubenton, 11 vol. in-4. 180 l.
——— raisonnée des premiers siécles de Rome, 2 vol. in-12. 4 l.
——— Romaine, par les Peres Catrou & Rouillé, 20 vol. in-12 fig. 40 l.
Homeri Ilias, Glasc., 3 vol. 15 l.
Homme (l') & de la réproduction des Individus, pour servir d'introduction à l'Histoire Nat. de M. Bufon in 12 2 l. 10 f.
Homme (l') ou le Tableau de la vie, par feu l'Abbé Prévôt, 5 parties, 3 vol. 7 l. 10 f.
Homme (l') éclaré par ses besoins, in-12. 2 l. 10 f.
IL Congresso di citheca, in-12. fig. 3 l.
Images des Héros de l'Antiquité de Camini, 1 vol. in-4. fig. 24 l.

Imitation des Odes d'Anacreon, in-12. 1 vol. 2 l.
Intérêts (les) de la France mal entendus, in-12. 3 vol. 7 l. 10 f.
Introduction à l'Histoire générale de l'Univers, par Puffendorff, in 4. 8 vol. 120 l.
Institutions politiques par le Baron de Bielfeldt, 2 vol. 4 l.
Institutions Militaires, ou le Vegece François, 1 vol. in-8. 4 l.
Jugemens des Sçavans de Baillet, 8 vol. in-4. 54 l.
Julie, ou la Nouvelle Héloise, Edition d'Hollande, 6 vol. 12 l.
LA Cyropedie, ou Histoire de Cyrus, 2 vol. in 12. 5 l.
La Farce de Patelin, 1 vol. in-12. 2 liv. 10 f.
L'Agronome ou Dictionaire d'Agriculture, 2 vol. in-8. 9 liv.
La Religion révélée, 5 vol. in-12. 12 l. 10 f.
Le Bachelier de Salamanque, par Monsieur Lesage, 3 vol. 6 l.
Le Chef-d'œuvre d'un Inconnu, Poëme, par le Docteur Mathanasius. Londres (Paris) 1758. 2 vol. in-12.
Leçon de Thalie 2 vol. in-12. 5 l.
Le Conte du Tonneau 3 vol. in-12. 7 l. 10 f.
Le Diable Boiteux, par M. Lesage, 3 vol. 6 l.
L'homme de Lettres, par M. Garnier, 1 vol. in-12. 2 l. 10 f.
Le Mentor Moderne, 3 vol. in-12. 7 l. 10 f.
Le Mexique Conquis, 8. 2 vol. 5 l.
Le Misantrope, 8. 2 vol. 6 l.
Le Monde Moral pour servir à l'Histoire du Cœur humain, dernier ouvrage de feu l'Abbé Prevôt, 4 vol, br. 7 l. 4 f.
L'Eneide di Virgilio del commendatore Annibal Caro, superba editione, cum fig. Parisio 1760. 2 vol. in-8. 36 l.
Le nouvel Abaillard, ou Lettre d'un Singe, in-12. 2 parties, brochées, 1 l. 10 f.
La Henriade de Voltaire, 2 vol. in-12. 4 l.

La nouvelle Italie, Comédie Heroi-comique Italienne & Françoise, 1 vol. 1 l. 4 s.
La Paysanne parvenue, 4 vol. in-12. 9 l.
La petite Guerre, par de Grand-maison, 2 tomes, 1 vol. 3 l.
La Petrifiée, ou Voyage de S. Pierre en Dunois, in-12. 2 l. 10 s.
La Philosophie de Newton, traduite par Madame Duchatelet, 2 vol. in 4. 24 l.
La Philosophie du bon Sens, par le Marquis d'Argens, 6 l.
Laval, Comédien, à Jean-Jacques Rousseau, 1 vol. in-8. 3 l.
La Vie de Guzman d'Alfarache, 2 vol. in-12. 5 l.
La Vie de Marianne, ou les Aventures de Mad. la Comtesse de***. Amsterd. (Paris) 1745. 4 vol. in-12.
La Vie de Philippe d'Orleans, P. F. de France, Régent du Royaume. Londres, 1737. 2 vol. in-12.
Le Palais du silence, 2 vol. 5 l.
Le Paradis perdu de Milton en Anglois, jolie édit. 2 vol. in-12. 5 l.
Le Parnasse François, Poëme Heroïque, 1 vol. in-12. 2 l. 10 s.
Le Partisan, 1 vol. 3 l.
Le Paysan parvenu, par M. de Marivaux. la Haye, 1756. 8 part. 2 vol. in-12.
Le Pere de famille, par Diderot, in-8. 4 l.
Le Philosophe Anglois, ou Hist. de Cleveland, fils naturel de Cromwel. Amst. 1757. 8 vol. in-12. 15 l.
Le Postulant, ou introduction à la Langue Latine, 1 vol. in-12. 1 l. 10 s.
Le Pot-Pourri, 8°. fig. br. 3 l.
Le Prix de la Beauté, in-4. fig. br. 3 l.
Le Rabelais Moderne, 8 vol. in-12. 18 l.
Le Siécle de Louis XIV. in-12. 4 vol. 10 l.
Le même, in-12 2 vol. 6 l.
Le même, in-12. 4 vol. p. p. 9 l.
Le Siége de Calais, 1 vol. 2 l. 10 s.
Le Soldat parvenu, 2 vol. in-12. 4 l.

Le Spectateur, ou le Socrate moderne, Paris 1756.
9 vol. in-12.
Le Spectateur François, par M. de Marivaux,
Paris 1752. 2 vol. in-12.
L'Etourdie, 4 part. 2 vol.   6 l.
Le Tréfor du Parnaffe, ou le plus joli des Recueils,
in-12. 4 vol.   9 l.
Les Délices du Brabant, 4 vol. in-8. fig.   20 l.
Les Comédies de Plaute, par Gueudeville, 10 vol.
in-12.   25 l.
Les Commentaires de Cefar, belle édition d'Hollan-
de, 2 vol. in-12. fig.   6 l.
Les Femmes, 3 parties brochées,   3 l.
Les Galanteries des Roi de France, 3 vol. in-12. fig. 9 l.
Les Genereux Avanturiers, 1 vol. in-12.   2 l. 10 f.
Les Lyonnois dignes de mémoire 2 vol. in-8.   5 l.
Les Œuvres d'Hamilton, 6 v. in-12.   12 l.
Les Œuvres de Rabelais 3 vol.   7 l. 10 f.
Les Œuvres de Virgile, trad. en Fr. par Sr. Remi,
in-12. 4 vol. Paris 1751.
Les Œuvres de M. de Voltaire, Genève, 1757. 25
vol. in-8.
Les Œuvres de Van-Effen, 5 vol. in-12.   12 l. 10 f.
L'Esprit du Chevalier Folard, in-8. 1 vol.   4 l.
Les Soirées du Palais Royal, ou les veillées d'une
jolie femme, in-12.   12 f.
Lettres à M. de ---. fur le Livre intitulé *Emile*,
in-8. broch.   1 l. 4 f.
———, Le même, in-12.   15 l.
Lettres à Mlle. Cl-. ... fur les Spectacles, in-12.
broch.   1 l. 4 f.
Lettres Angloifes, ou Hiftoire de Miss Clariffe
Harlove, in 12. 12. parties brochées,   21 l.
Lettres Cabaliftiques, par le Marq. d'Argens, (Paris)
1754. 4 vol. in-12.
Lettres Chinoifes, par le même, 6 vol. in-12.
Lettre de Barnevelt, in-8. fig. broch.   1 l. 16 f.
Lettre de Juliette Catesbi 1 vol. broché,   1 l. 16 f.
Lettres de Madame de Sevigné, in-12. 8 vol.   20 l.
——— Idem, p. p.   18 l.

Lettres de Miſtriſs. fanny Butler, 1 vol. in-12. br*é*
                1 l. 16 ſ.
Lettre de Mgr. l'Evêque de..... à Mgr. l'Archev. de.... in-12. broché. 1 l. 10 ſ.
Lettres de Ninon Lenclos, 2 vol. in-12. 4 l. 10 ſ.
Lettres de Pline le jeune, 2 vol. in-12. 5 l.
Lettres d'une Peruvienne, par Madame de Graffigny, 2 vol.   5 l.
Lettres & Négociations des Feuquiere, in-12. 3 vol.
                7 l. 10 ſ.
Lettres & Négociations de Jean de Witt, 5 vol. in-12.   15 l.
Lettres Familieres & autres de M. le Baron de Bielfeld, 2 vol.   5 l. 11 ſ.
Lettres Hiſtoriques & Galantes de Madame Desnoyers. 9 vol. in-12,   18 l.
Lettres Juives, par le Marq. d'Argens, Paris, 1754. 8 vol. in-12.
Lettres Perſannes, in-12. 2 vol.   2 l. 10 ſ.
Lettres ſur différens ſujets de Litterature, par Rouſſeau, 5 vol. in-12.   10 l.
Lettres ſur les anciens Parlemens, par le Comte de Boulainvilliers, 3 vol. in-12. 6 l.
Lettres ſur le Theâtre Anglois, 2 vol. in-12. 5 l.
Lettres ſur le voyage d'Eſpagne, 1 vol. in-12. 2 l.
Les Vies des Saints Peres d'Orient & d'Occident, in-12. 5 vol. fig.   18 l.
Le Voyageur Philoſophe dans des Pays Inconnus, 2 vol. in-12.   5 l.
L'Iliade d'Homere, traduite en Anglois, 6 vol. in-12.   12 l.
Logique, ou l'Art de penſer, par le P. Regnault, 1 vol   2 l. 10 ſ.
Loi Naturelle, traduite de Cumberland, in-4. 10 l.
Magaſin des Enfans, par Madame le Prince de Beaumont, in-12. 2 vol.   6 l.
——— Idem, des Adoleſcentes,   6 l.
——— Des jeunes Dames, 4 part. 3 vol. 7 l. 10 ſ.
Magaſin Hiſtorique pour former l'eſprit & le cœur, 8.

Maison Rustique, 2 vol. in-4. 21 l.
Maniere de négocier avec les Souverains, par Cal-
 lieres, 2 vol. in 12. 5 l.
Manuel de Chymie, in-12. 2 l. 10 f.
Manuel de Physique, in-8. 1 vol. 5 l.
Matanasana, ou Mémoires Litteraires, Historiques
 & Critiques du Docteur Matanasius ; la Haye,
 1740. 2 vol. in-12.
Maupertuisiana, 2 vol. in 8. 7 l.
Médailles de grand & de moyen Bronze du Cabinet
 de la Reine Christine, in folio fig. 50 l.
Méditations de Boisieu, 4 vol. in 12. 10 l.
Méditations de le Maitre, 4 vol. in 12. 10 l.
Méditations pour les Prétres, 4 vol. in 21. 8 l.
Melanges d'Histoire Naturelle, 2 vol. in 8. fig. 6 l.
Mélanges de Litterature, d'Histoire & de Philosophie,
 par Dalembert, Amsterd. (Lyon) 1759. 4 vol.
 in-12.
Melange de Prose & de Vers, 3 vol. in-12. 6 l.
Mémoires d'Anne Marie de Moras, Comtesse de Cour-
 bon, écrits par elle-méme. La Haye, 1751. 4 part.
 8 vol. in-12.
——— d'Arnaud, 3 vol. in-12. 6 l.
——— du Cardinal de Retz & Joli, 7 v. in-12. 18 l.
——— de la Ligue, avec des notes historiques & cri-
 tiques, in-4. 6 vol. 72 l.
——— de Berwick, 2 vol. in-12. 4 l. 10 f.
——— de Bordeaux, in-12. 4 vol. 10 l.
——— de Brandebourg, 2 vol. in-12. fig. avec des
 Cartes, 5 l.
——— de Duliz, 1 vol. 2 l. 10 f.
——— de Mde. de Staal, in-12. 4 vol. 10 l.
——— de Maximilien de Bethune, Duc de Sulli,
 8 vol. in 12. 20 l.
——— de Messire Martin du Bellay, in-12. 7 v. 28 l.
——— du Marq. de Langalleri, 1 v. in-12. 2 l. 10 f.
——— de Rohan, 2 vol. in-12. 4 l.
——— de Tourville, 3 vol. in-12. 6 l.
——— de Villars, 3 vol. in-12. 7 l. 10 f.
——— du Chevalier de Ravanne, 3 vol. in-12. 6 l.

www.ingramcontent.com/pod-product-compliance
Lightning Source LLC
Chambersburg PA
CBHW060640050426
42451CB00012B/2683

Mémoires du Duc de Wirtemberg, 1 vol. 2 l. 10 f.
——— du Marquis de Creſſi, in-12. br. 1 l. 16 f.
——— du Marquis de Laſſey, 4 vol. 12 l.
——— du Maréchal de Rantzau, 2 vol. 5 l.
——— d'un homme de qualité, 6 vol. in-12. 15 l.
——— Les mêmes, p. p. 12 l.
——— d'un jeune Provincial, 1765. in 12. b. 2 l. 10 f.
——— en forme de Lettres, de deux jeunes Perſonnes de qualité, par l'Auteur du Danger des Liaiſons, 4 part. br. 4 l. 16 f.
——— & Aventures de Paſcarilla, 2 vol. in-12. broch. 3 l.
——— Hiſtoriques, Militaires & Politiques, de l'Iſle de Corſe, 2 vol. in-12. 6 l.
——— Militaires ſur les Anciens, 2 v. in-8. 5 l.
Mémoire, où Hiſtoire de Mlle de Salens, 2 vol. in-12. 5 l.
——— pour ſervir à l'Hiſtoire de Malte, ou Hiſtoire de la jeuneſſe du Commandeur de.... par l'Abbé Prevoſt, 2 vol. 4 l.
——— Sécrets de la République des Lettres, 7 vol. in-12. 15 l.
——— ſur la Louiſiane, 2 vol. in-12. 4 l. 10 f.
——— ſur differents Sujets de Mathématique, par Diderot, 1 vol. in-8. 5 l.
Mémorial de Paris, 2 vol. in-12. 5 l.
Mœurs Angloiſes, 1 vol. in-8. 3 l.
Mon Chef d'œuvre, in-8. 12 l.
Métamorphoſes d'Ovide, par l'Abbé Banier, 3 vol. in-4. 30 l.
——— Les mêmes, 3 vol. in-12. 7 l. 10 f.
Methode de traiter les plaies d'armes à feu, 1 vol. in-12. 2 l.
Méthode pour apprendre la Géographie, dédiée à Mademoiſelle Crozat, 1 vol. in-12. 2 l. 10 f.
Méthode pour étudier l'Hiſtoire, par l'Abbé Lenglet, 5 vol. in-12. d'Hollande, 18 l.
Morale des Princes, in-12. 4 vol. 8 l.
Motifs d'Amour, 1 vol. 2 l.
Mort (la) d'Abel, Poëme trad. de l'Allemand d. Geſner, 1 vol. 2 l.

Négociations du Comte d'Avaux, 6 v. in-12. 15 l.
Nouvelle Ecole du Monde, 2 vol.   5 l.
Nouvelle Méthode de prêcher, in-12. 1 vol. 2 l. 10 f.
Nouvelle traduction de divers Morceaux choisis de Plutarque. Paris, 1764.   2 l.
Novitius, seu Dictionarium Latino-Gallicum, in-4. 2 vol.   18 l.
Observations Physiques & Médicales sur le Ver solitaire, par Van-Deyeren, in-12. 1764.   2 l. 10 f.
Observation sur l'Agriculture, in-12. 2 vol.   5 l.
Observations sur les fiévres, in 8. 1 vol.   2 l. 10 f.
Observations sur les Plantes, par Guetard, 2 vol. in-12. fig.   5 l.
Œuvres d'Alexis Pirou. Paris, 1758. 3 v. in-12. fig.
——— de Baron, 3 vol.   6 l.
——— de Crebillon, 3 vol.   6 l.
——— de Hericourt, 4 vol. in-4.   48 l.
——— de Deshoulière, 2 vol in-12.   5 l.
——— de Desmahis, en prose & en vers, in-8. 2 l. 10
——— de Fontenelle, 11 vol. in-12.   33 l.
——— de Grecourt, 4 vol. in-12.   12 l.
——— de Gresset, 2 vol. in-12.   5 l.
——— d'Horace de l'Abbé leBatteux, 2 v. in-12. 5 l.
——— de Jean Racine. Paris, 1754. 3 vol. in-12.
——— de l'Abbé de Chaulieu, 2 vol. in-12   5 l.
——— de la Chaussée, 5 vol. in-12.   10 l.
——— de la Fontaine, 4 vol. in-12.   10 l.
——— de la Grange-Chancel, 5 vol.   10 l.
——— de la Motte le Vayer, in-8. 14 vol.   60 l.
——— de Machiavel, 6 vol. in-12.   18 l.
——— de Madame la Marquise de Lambert. Paris, 1761. 2 vol. in-12.
——— de M***, 1 vol.   20 l. 10 f.
——— de Moliere, in-12. 8 vol.   16 l.
——— de Pavillon, 2 vol. in-12.   4 l.
——— de P. Corneille, 10 vol. in-12.   20 l.
——— de Thomas Corneille, 9 vol.   18 l.
——— de Pope, fig. 7 vol. in-12.   21 l.
——— de Renard. Paris, 1758. 4 vol. in-12.

Œuvres de Rousseau. Londres (Paris) 1753. 4 vol. in-12.
——— de Crebillon, in 4. 2 vol. Impr. Royal. 24 l.
——— de M. de S. Evremond, avec la Vie de l'Auteur. Paris, 1753. 12 vol. in-12.
——— de S. Real, 8 vol. in-12.　16 l.
——— de Scaron, 12 vol. in-12.　24 l.
——— de Segrais, 2 vol. in-12.　5 l.
——— de Théâtre de M. de Saint Foix. Roterdam, 1759. 2 vol. in-12.
——— de Vadé. Paris, 1758. 4 vol. in-12.
——— de Vergier. Paris, 1752. 2 vol. in-12.
——— de Virgile, in-12. 4 vol.　10 l.
——— diverses de Lulard, 2 vol. in-12. 4 l. 10 s.
——— de l'Abbé de la Marre, en prose & en vers, 1 vol.　2 l. 5 s.
——— du Philosophe Bienfaisant, vol. in-8.　20 l.
——— du Philosophe de Sans-Souci, avec le Supplément, in-8. 3 vol.　18 l.
Le même, in-12. p. p. 5 vol.　12 l. 10 s.
Opere del Metastasio, 9 vol. in-12.　40 l.
Ophelie, Roman, 2 vol. in-12.　5 l.
Origine (de l') des Loix, du progrès des Arts & des Sciences, par M. Goguette, in-4. 3 vol.　30 l.
Le même, in-12. 6 vol.　15 l.
Origines (les), ou l'ancien Gouvernement de la France, de l'Allemagne & de l'Italie, 4 vol. in-12.　10 l.

Pensées de Bourdaloue, 2 vol. in-8.　10 l.
Pensées errantes, 1 vol. in-12.　3 l.
Pervigilium Veneris, in-8. 1 vol.　4 l.
Philosophie de Dagoumer, 6 vol. in-12.　12 l.
Pitisci (Sam.) Lexicon Antiquitatum Romanarum, fol. 3 vol.　60 l.
Poetical Worcks, in-12.　3 l.
Poeme sur la Mort de Zélime, en trois Chants, in-4.　1 l. 4 s.
Poésies & Œuvres diverses de Madame Guibert, 1764.　2 l. 5 s.

Poësies Françoises de Regnier Desmarais, 2 vol. in-12. 4 l.
Poësies d'Horace, traduites en François par Sanadon. Paris, 1760. 3 vol. in-12.
Poësies de M. l'Abbé de l'Attaignant. Londres (Paris), 1757. 4 vol. in-12.
Précis du G. ose Terrestre, 1765. 1 vol. in-12. 2 l. 10 f.
Principes de Morale de Formey, in-4. 8 l.
Principes généraux & raisonnés de la Grammaire Françoise, par Restaut. Paris, 1758. in-12.
Principes pour la lecture des Poëtes, par Mallet, 2 vol. in-12. 5 l.
—— pour la lecture des Orateurs, par le même, 3 vol. in-12. 7 l. 10 f.
Prônes de Girard, 4 vol. in-12. 9 l.

Querelles Littéraires, 4 vol. in-12. 10 l.

Recherches & Considérations sur les Finances, par Forbonnais, 2 vol. in-4. 25 l.
Les mêmes; in-12. 6 vol. 15 l.
Recueil d'Antiquités Egyptiennes, Etrusques, Grecques & Romaines, par M. le Comte de Caylus, in-4. 6 vol. fig. 144 l.
—— de différentes choses, par M. le Marquis de Lassay Lausanne, in-8. 1756. 3 vol.
—— de Poësies pour la Toillette des Dames à la Grecque, 1 vol. in-12. 1 l. 4 f.
—— de Traités de Paix, par Rousset, 25 vol. in-12. 75 l.
—— de différentes Piéces de Litteratures, in-8. 3.
—— des meilleures Pièces des Poëtes François, depuis Villon jusqu'à Benserade, 6 vol. in-12. 12 l.
—— de différens Traités de Physique & d'Histoire naturelle, par Deslandes, 3 vol. in-12. 7 l. 10 f.
Réflexions Politiques sur les Finances & le Commerce, par Dutot, La Haye, Paris, 1754. 2 vol. in-12.
Réflexions sur le Comique Larmoyant, vol. in-8. 2 l.
Refutation de Newton, 1 vol. in-8. 4 l.
Régles pour former un Avocat, par Bouchet d'Argis, 1 vol. in-12. 2 l. 10 f.

Religion (la), Poëme, par Racine, *in-12.* 2 l. 10 f.
Remarques sur le Commerce & la Navigation, *in 8.*
  2 *vol.* 2 l.
Réponse à l'Auteur de l'Anti-financier, *in-8.* 12 f.
Retraite des dix Mille de Xenophon, *in-12.* 2 *v.* 5 l.
Rêveries (mes), Ouvrage posthume du Maréchal de
  Saxe, *in-4.* 2 *vol. fig.* 48 l.
Rieger (Job.) Introductio in notitiam rerum natura-
  lium, 4 *vol. in-4.* 48 l.
Rimeri Acta publica Angliæ, 10 *vol. in-fol.* 300 l.
Romans de Bourfault, 3 *vol. in-12.* 7 l. 10 f.
Rofe ou les effets de l'Amour, de la haine & de l'A-
  mitié, 2 *part. broch.* 1 l. 16 f.
Rousseau (J. J.) à M. Dalembert, *in 8.* 1 *vol.* 3 l.
Satyre del Cavalier Dotti. Ginevra. 1757 *in-12.*
  2 *vol.*
Satyre Menippée, 3 *vol. in-8.* 12 l.
Seleucidarum Imperium, sive Historia Regum Syriæ,
  ad fidem Numismatum accomodata per J. F.
  Vaillant. Hagæ-Comitum, 1732. *in-fol. fig.*
Semaine Sainte, *in-24.* 1 l. 10 f.
Sens (le) Litteral de l'Ecriture Sainte défendu par
  Stakhouse, 3 *vol. in-12.* 9 l.
Sermons choisis, 2 *vol.* 5 l.
———— de Beausobre, *in-8.* 4 *vol.* 18 l.
———— de Bourdaloue, 15 *vol. in-12.* p. p. 35 l.
———— de Châtelain 6 *vol. in-8.* 27 l.
———— de Dom Regnier, 3 *vol. in-12.* 7 l. 10 f.
———— de Dutreuil, 2 *vol. in-12.* 5 l.
———— d'Hubert, 6 *vol. in-12.* 15 l.
———— de la Collombiere, *in-12.* 6 *vol.* 15 l.
———— de Laffitau, 4 *vol.* 8 l.
———— de la Roche, 6 *vol.* 15 l.
———— de la Rue, 4 *vol. in-8.* 12 l.
———— de Peruffeau, 2 *vol.* 5 l.
———— de Saurin, *in-8.* 12 *vol.* 54 l.
———— de Terraffon, 4 *vol. in-12.* 10 l.
Sermons, Discours & Harangues de Parisiere,
  2 *vol. in-12.* 5 l.
———— du P. Girout, contenant son Avent & son
  Carême, 5 *vol. in-12.* 10 l.

Sermons & Panégyriques de la Rue, *in-12.* 3 *vol.*
7 l. 10 f.
Singularités Historiques, en vers & en prose, 1 *vol.*
in-12. 2 l.
Soirées du Bois de Boulogne, 2 *vol.* 4 l.
Sophie, Roman, 2 *Par*ies *br.* 2 l. 10 f.
Suites des Auteurs Classiques, imprimés par Bindley.
Londres, 24 *vol. in-12.* 72 l.
Sujets de Méditations, 3 *vol. in-12.* 6 l.

Tableau de la Pénitence, 2 *vol. in-12.* 4 l.
Tableau de la véritable Eglise, 2 *vol.* 4 l.
Tacite Italien, 2 *vol. in-12.* 10 l.
Tanzaï & Neadarné, Hist. Japonoise, 2 *vol. in-12. fig.*
1753.
Tarif des Droits d'Entrées & de Sortie du Royaume
in-8. 2 *vol.* 10 l.
Testament Politique du Maréchal de Belle-Isle, *in-12.*
2 l. 5 f.
Testament Politique du Cardinal Alberoni, *in-12.*
1 *vol.* 2 l. 10 f.
Théatre d'Apostollo Zeno, 2 *vol. in-12.* 5 l.
Théatre de Boissy, 9 *vol. in-8.* 36 l.
Théatre de feu M. Boursault. *Paris,* 1746. 3 *v. in-12.*
Théatre de Pradon, 2 *vol.* 5 l.
Théatre des Grecs, par le P. Brumoi, 6 *vol. in-12.*
15 l.
Théatre & Œuvres diverses de M. de Sivri. *Paris,*
1764. 1 *vol.* 2 l. 10 f.
The Bristigs Stage, 6 *vol. in-12.* 24 l.
Théologie des Insectes, *in-8.* 2 *vol.* 9 l.
Théologie de l'Eau, 1 *vol. in-8.* 4 l. 10 f.
Tragédies-Opera de Metastase, *in-12.* 12 *vol.* 24 l.
Traité de la Chenille, par Lionnet, *in-4. La Haye,*
fig. 36 l.
———— succinct de l'Ecriture Sainte, *in 12.* 2 l.
———— de la Danse, par Cahusac, 3 *vol. in-12.* 6 l.
———— de la Nature du Feu, 1 *vol. in-12.* 2 l. 10 f.
———— de l'Orthographe Françoise, en forme de
Dictionnaire par Restaut, *in-8.* 1 *vol.* 7 l.
———— de Métallurgie, 2 *vol. in-12.* 5 l.

——— des Justices des Seigneurs, par Jacquier, in 4. 1764   10 l.
——— ces Pecheries, 1 vol. in-12. 2 l. 2 vol. 5 l.
——— sur les Lettres de Change, par M. Fulenau. Paris, 1744   2 l. 5 s.
Tribunal de Cythère, 1 vol. in-12.   2 l. 10 s.
Trib t Litter né, in-8.   3 l.
Vénus Physique, in-12. 1 vol.   2 l.
Vie de Mahomet, par Garnier, 3 vol. in-12.   7 l. 10 s.
Vie de Philippe d'Orléans, 2 vol. in-12.   6 l.
Vie de Sixte Quint, in 4.   12 l.
Vies des Hommes Illustres de Plutarque, 14 vol. in-12.   35 l.
Vie des premiers Peintres du Roi, 2 vol. en 1   3 l. 5 s.
Voyages de l'Amiral Anson, avec le Supplément, 2 vol. in-4. fig.   24 l.
Voyages de Bachaumont & Chapelle, v. in-12. 2 l.
Voyage de Corneille le Bruin, 5 vol. in-4.   30 l.
Voyage de la Roque, 2 vol. in-12.   6 l.
Voyages de Gemelly Careri, in-12. 6 vol.   15 l.
Voyages de Guinée, 2 vol. in-12.   5 l.
Voyages de la Compagnie des Indes, 12 vol. in-12.   30 l.
Voyages de Paul Lucas, 3 vol.   7 l. 10 s.
Voyages en Asie par Bergeron, 2 vol. in-4. fig. 16 l.
Voyage de Robert Lade, 2 vol.   5 l.

F I N.